Los gansos
Animales en la granja
Aaron Carr

El enriquecido libro electrónico AV² te ofrece una experiencia bilingüe completa entre el inglés y el español para aprender el vocabulario de los dos idiomas.

This AV² media enhanced book gives you a fully bilingual experience between English and Spanish to learn the vocabulary of both languages.

Visita nuestro sitio www.av2books.com e ingresa el código único del libro.
Go to www.av2books.com, and enter this book's unique code.

CÓDIGO DEL LIBRO
BOOK CODE

D717256

AV² de Weigl te ofrece enriquecidos libros electrónicos que favorecen el aprendizaje activo.
AV² by Weigl brings you media enhanced books that support active learning.

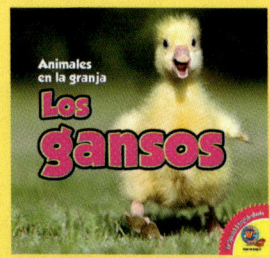
Spanish

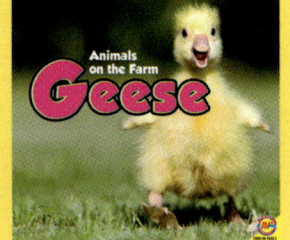
English

Navegación bilingüe AV²
AV² Bilingual Navigation

CERRAR CLOSE

INICIO HOME

OPCIÓN DE IDIOMA LANGUAGE TOGGLE

CAMBIAR LA PÁGINA PAGE TURNING

VISTA PRELIMINAR PAGE PREVIEW

Copyright ©2015 AV² de Weigl. Library of Congress Cataloging-in-Publication Data se encuentra en la página 24.
Copyright ©2015 AV² by Weigl. Library of Congress Cataloging-in-Publication Data is located on page 24.

Los gansos

Animales en la granja

CONTENIDO

- 2   Código de libro AV²
- 4   Por qué me crían los granjeros
- 6   Qué tipo de animal soy
- 8   Cómo me muevo
- 10   Más acerca de mí
- 13   Lo que como
- 15   Cómo me comunico
- 17   Relación con otros
- 18   Tener bebés
- 20   Mis bebés
- 22   Datos del ganso
- 24   Palabras clave

Soy un animal de granja pequeño. Los granjeros me crían como alimento y por mis huevos.

Soy un ave. Tengo alas, plumas y un cuello largo.

Tengo alas, pero no puedo volar. En su lugar, camino y corro usando mis dos patas.

Tengo un pico largo y puntiagudo. Mi pico largo y puntiagudo me ayuda a comer.

Como pastos y otras plantas. Trago piedras para que me ayuden a romper mi alimento.

¿Cómo me comunico con otros animales? "Grazno" para hacerles saber que estoy presente.

Me gusta estar con otros gansos. Elijo solamente a una pareja y me quedo con ella de por vida.

Pongo huevos. Me siento sobre mis huevos para mantenerlos cálidos.

Mis bebés salen de estos huevos.

Mis bebés se llaman ansarinos. Nacen luego de un mes.

DATOS DEL GANSO

Estas páginas proveen información detallada que amplía los datos interesantes que se encuentran en el libro. Estas páginas están destinadas a ser utilizadas por adultos para ayudar a los jóvenes lectores con sus conocimientos de cada animal maravilloso presentado en la serie *Animales en la granja*.

Páginas 4–5

Los granjeros crían a los gansos por alimento y por sus huevos. Los gansos que se crían como alimento se denominan aves de corral. Hay muchas especies diferentes de ganso. Embden y Toulouse son las dos variedades que se encuentran con más frecuencia en las granjas de los Estados Unidos. Los huevos de los gansos se usan como alimento. Un huevo de ganso tiene aproximadamente el tamaño de dos huevos de gallina.

Páginas 6–7

El ganso es una animal de gran tamaño. El macho es más grande que la hembra. Los machos suelen pesar aproximadamente 20 libras (9 kilogramos), mientras que las hembras pesan alrededor de 16 libras (7 kg). Los machos de raza Embden, sin embargo, puede llegar a pesar hasta 30 libras (14 kg). El ganso es un tipo de ave acuática. Estas aves viven e el agua o cerca de ella.

Páginas 8–9

Los gansos no pueden volar. Los gansos de granja son criados de manera que alcancen un gran tamaño, lo que los hace demasiado pesados como para volar. Se mueven caminando y nadando. Los gansos que viven en la naturaleza con mucho más pequeños. Pueden volar distancias muy largas. Estos gansos vuelan en grandes grupos distribuidos en forma de "V".

Páginas 10–11

El ganso tiene un pico largo y puntiagudo. El pico del ganso es ancho cerca de la cabeza y se estrecha hacia la punta. Esto le ayuda a tomar alimentos cerca del piso. Unas estructuras muy pequeñas similares a peines denominadas *lamellae* recubren el pico. Estas estructuras actúan como un filtro que le ayuda a los gansos a comer los alimentos que encuentran en el agua. La lengua posee papilas filiformes que le ayudan a los gansos a comer.

Páginas 12–13

Los gansos comen pasto y otras plantas. Los gansos comen juncos, hierbas y otras plantas, pero el pasto es su alimento favorito. En las granjas, los gansos usualmente se crían en pastizales abiertos con una mezcla de diferentes tipos de pasto. Un acre (0,4 hectáreas) de tierras de pastoreo provee suficiente espacio y alimento para entre 20 y 40 gansos. Los gansos pueden digerir su alimento en tan solo 20 minutos.

Páginas 14–15

Los gansos se comunican emitiendo graznidos. El graznido que emiten los gansos machos es una de sus características más conocidas. En la naturaleza, los gansos suelen hacer este sonido al volar. Cuando los gansos se enojan, pueden pararse derechos, agitar sus alas y sacudir sus plumas mientras emiten graznidos fuertemente.

Páginas 16–17

Los gansos permanecen con una misma pareja de por vida. El macho y la hembra usualmente se emparejan de por vida. Al reproducirse, ambos padres ayudan a cuidar a las crías. Los gansos usualmente permanecen juntos en grandes grupos. Los grupos de muchos gansos se denominan bandadas.

Páginas 18–19

Las crías de los gansos nacen de huevos. Los gansos pueden poner hasta 30 huevos en una temporada. La madre se sienta sobre los huevos para mantenerlos cálidos hasta que eclosionen. El padre hace guardia para proteger el nido. Los huevos de ganso eclosionan aproximadamente luego de un mes de haber sido puestos.

Páginas 20–21

Los bebés de ganso se denominan ansarinos. Los ansarinos permanecen con sus padres por un año después de nacer. Cuando están lejos del nido, forman una línea detrás de su madre. El padre puede caminar al frente junto a la madre o atrás para proteger a los ansarinos.

¡Visita www.av2books.com para disfrutar de tu libro interactivo de inglés y español!
Check out www.av2books.com for your interactive English and Spanish ebook!

1 Entra en www.av2books.com
Go to www.av2books.com

2 Ingresa tu código
Enter book code

D717256

3 ¡Alimenta tu imaginación en línea!
Fuel your imagination online!

www.av2books.com

Published by AV² by Weigl
350 5th Avenue, 59th Floor New York, NY 10118
Website: www.av2books.com   www.weigl.com

Copyright ©2015 AV² by Weigl
All rights reserved. No part of this publication may be reproduced, stored in a retrieval system, or transmitted in any form or by any means, electronic, mechanical, photocopying, recording, or otherwise, without the prior written permission of Weigl Publishers Inc.

Library of Congress Control Number: 2014932706

ISBN 978-1-4896-2051-4 (hardcover)
ISBN 978-1-4896-2052-1 (single-user eBook)
ISBN 978-1-4896-2053-8 (multi-user eBook)

Printed in the United States of America in North Mankato, Minnesota
1 2 3 4 5 6 7 8 9 0   18 17 16 15 14

032014
WEP280314

Project Coordinator: Jared Siemens
Spanish Editor: Translation Cloud LLC
Art Director: Terry Paulhus

Every reasonable effort has been made to trace ownership and to obtain permission to reprint copyright material. The publishers would be pleased to have any errors or omissions brought to their attention so that they may be corrected in subsequent printings.

Weigl acknowledges Getty Images as the primary image supplier for this title.

5/15

SP
E
363.5
CAR

CANYON AREA LIBRARY
1501 3rd AVENUE
CANYON, TEXAS 79015
806-655-5015